AF496363

GROUPE D'ARMÉES DU CENTRE

EMPLOI DE L'ARTILLERIE

DANS LA DÉFENSIVE

27 Mai 1916

EMPLOI DE L'ARTILLERIE

DANS LA DÉFENSIVE

Les opérations menées devant VERDUN ont mis en lumière le rôle grandissant qui incombe à l'Artillerie dans la bataille.

Elles ont, de plus, confirmé le principe déjà admis que la défensive, pour être efficace, doit être active.

Les Allemands ont partout agi, avec leur canon, de la façon suivante : un bombardement sur un grand front et sur une grande profondeur précédait chacune de leurs attaques, laissant planer l'indécision sur le point spécialement visé. Au bout de plusieurs heures, le bombardement croissait en intensité sur le point d'attaque, sans cesser sur les autres points. Lorsque l'assaut était donné, il continuait avec la même violence en arrière et sur les flancs de la région attaquée.

Au même moment, ou plus généralement une ou plusieurs heures après, l'intensité du feu croissait sur un autre point du front bombardé ; une préparation se complétait, puis était suivie d'attaque sur ce nouveau point.

La tactique à employer pour la défense, qui a obtenu un plein succès quand elle a pu être appliquée en temps utile, a consisté à répondre à toute préparation par une préparation identique, à tout accroissement de violence des feux sur un point par un accroissement analogue sur le point qui lui faisait face, et à écraser ainsi la troupe d'assaut avant le déclanchement de son attaque. En même temps on recherchait la destruction des Batteries ennemies, ou, à défaut, leur neutralisation.

Mais, dans ce duel, la tâche est singulièrement plus ardue pour la défense que pour l'attaque. Celle-ci a dû, pour obtenir ces accroissements intenses du bombardement, procéder à des concentrations de feux de nombreuses batteries, transportant successivement leur tir d'un bout à l'autre du champ de bataille. La défense est tenue à la même obligation, mais son action est, dans le détail du moins, improvisée. Sa riposte n'arrive donc à temps que si elle dispose d'une Artillerie extrêmement souple, capable de saisir rapidement le renseignement, de l'exploiter sans délai, de concentrer instantanément sur des objectifs successifs tous les moyens dont elle dispose.

Cette souplesse absolument indispensable pour donner au mode de combat défensif de l'arme toute son activité doit être recherchée dans l'organisation du commandement, de l'observation et des liaisons, dans le perfectionnement de la technique de l'arme, dans la prévision des besoins et dans une préparation méthodique du travail qui réduise au minimum l'improvisation au moment de la crise.

Les opérations devant VERDUN n'ont pas seulement mis en évidence ce procédé de contre-préparation d'Artillerie; elles ont aussi permis de perfectionner les mécanismes de certains tirs d'usage déjà courant, tirs à forme défensive tels que les barrages, les représailles, ou à forme offensive tels que les tirs de destruction et de bombardement.

La présente instruction a pour objet d'indiquer les moyens qui permettent de préparer et de mettre en jeu ces différents modes d'action de l'Artillerie.

CHAPITRE I

MISSION DE L'ARTILLERIE DANS LA DÉFENSIVE

L'Artillerie est l'arme principale de la défense active, car seule elle permet :

1° D'atteindre en tout temps l'ennemi dans ses forces vives;

2° De gêner et parfois même d'étouffer avant leur éclosion ses préparatifs offensifs;

3° De rétablir rapidement, en cas d'attaque, l'équilibre des forces au profit de la défense.

Ces possibilités déterminent les missions qui incombent à l'Artillerie :

Destruction systématique des forces ennemies (batteries, organisations défensives, cantonnements, etc.);

Actions offensives d'ensemble sur les points sensibles du front;

Contre-préparation et barrage.

L'Artillerie ne pourra remplir ces missions que grâce à une grande souplesse. Cette souplesse est fonction de l'organisation du Commandement, de la prévision des besoins, de la préparation méthodique du travail, de la permanence de l'observation et des liaisons.

CHAPITRE II

ORGANISATION DU COMMANDEMENT

I. — L'organisation du Commandement est basée sur les principes suivants :

1° Toute l'Artillerie mise à la disposition d'un échelon de commandement (Division — C. A. — Armée) est groupée sous les ordres d'un chef unique.

2° Les calibres sont répartis entre les échelons en laissant à chacun des échelons les batteries qui travaillent normalement pour lui et en groupant à l'échelon supérieur celles qui ont une action sur plusieurs secteurs.

3° L'intervention rapide du plus grand nombre possible de batteries au profit des troupes qui en ont besoin est préparée à tous les degrés.

III. — La répartition de l'Artillerie de tous calibres entre les Commandants de Secteurs. de C. A. et le Commandant de l'Armée est en conséquence la suivante :

Sont en principe à la disposition :

a) Des Généraux Commandant les Secteurs :

L'Artillerie Divisionnaire renforcée par les groupes d'Artillerie de Corps que le Commandant de C. A. croit devoir mettre à leur disposition ;

L'Artillerie de tranchée ;

Les batteries à tir courbe d'Artillerie lourde (155 C, 220).

b) Des Généraux Commandant les Corps d'Armée :

L'Artillerie de Corps que le Commandant de C. A. croit devoir conserver exceptionnellement sous ses ordres directs ;

L'Artillerie lourde de moyen calibre (95-120 et éventuellement 155 L et 105).

c) Du Général Commandant l'Armée :

L'Artillerie lourde à grande portée ou à grande puissance (100-

105-14-16-155 L-240-270-280-370, etc.) et l'Artillerie lourde sur voie ferrée.

III. — Cette répartition n'a rien d'absolu. Elle est modifiée suivant les circonstances.

Si les fronts sont considérables ou si la situation tactique l'exige, l'Artillerie lourde sur voie ferrée, l'Artillerie lourde d'Armée, l'Artillerie de C. A. peuvent être mises respectivement à la disposition des C. A. et des Divisions.

Si la dotation en batteries à tir courbe est très faible, ces dernières peuvent être conservées dans la main du Commandant de C. A.

IV. — Cette répartition ne doit pas créer de cloisons étanches entre les secteurs, les C. A. et l'Armée. Il est indispensable au contraire qu'en cas de besoin, toutes les batteries capables de le faire puissent intervenir sur le front menacé, quel que soit le groupement auquel elles appartiennent, l'étiquette qu'elles portent, le Chef dont elles relèvent.

Les mesures destinées à faciliter cette intervention seront donc, à tous les échelons, prévues et étudiées dans tous leurs détails. Elles feront l'objet d'un chapitre spécial du Plan de défense de l'Artillerie.

L'A. L. A., en particulier, sera organisée de manière à se faire la servante attentive des C. A., c'est-à-dire à aller au-devant de leurs besoins et à être en mesure de les satisfaire instantanément.

Elle sera partagée à cet effet en sous-groupements ayant chacun une action sur deux ou trois C. A. au plus. Ces sous-groupements seront reliés avec les C. A., qui pourront les actionner directement, au même titre que leurs propres batteries, chaque fois qu'ils en auront besoin. Le Commandant de l'Artillerie de l'Armée n'interviendra que dans le cas où plusieurs C. A. auraient besoin en même temps du concours de ces batteries, afin de répartir les feux au mieux des intérêts généraux de la défense.

CHAPITRE III

EXÉCUTION DES MISSIONS CONFIÉES A L'ARTILLERIE

I. — TIRS DE DESTRUCTION

Ces tirs journaliers ont pour but de faire disparaître progressivement les divers éléments de forces ennemies, en proportionnant la dépense des munitions à l'importance du but à atteindre.

Ils s'appliquent aux batteries, aux organisations défensives de l'ennemi (blockaus, P. C., P. O., organes de flanquement, mitrailleuses, minenwerfer, abris, etc.), aux éléments de troupes ennemies de faible importance (convois, relèves, travailleurs, corvées, etc.).

Toutes les Artilleries concourent à cette destruction systématique dans la zone d'action qui leur est confiée, y compris l'A. L. A., qui est actionnée directement à cet effet par les Commandants d'Artillerie des C. A.

Les calibres et le genre de tir à employer, le nombre de batteries à faire entrer en action, le nombre et l'espèce de projectiles à tirer, sont déterminés par l'importance, la distance, la durée et la protection (1) des objectifs.

Les tirs sont toujours, en tout cas, *des tirs de précision* (2). Ils sont poussés aussi loin qu'il est nécessaire pour obtenir le résultat cherché, c'est-à-dire la destruction.

a) *Batteries.* — Leur destruction est faite à la diligence des Commandants de l'Artillerie des C. A., avec le concours de l'observation aérienne et terrestre.

Les objectifs sont choisis parmi les batteries qui se montrent particulièrement agressives et dont les emplacements sont exactement repérés.

Les Généraux Commandant les C. A. portent une attention toute parti-

(1) *L'abri matériel* et le *couvert* résultant des formes du terrain.

(2) C'est-à-dire effectués avec un réglage serré pour les objectifs fixes et d'après un repérage précis du terrain pour les objectifs mobiles.

culière à cette destruction continuelle des batteries ennemies, qui est une des tâches primordiales de la défense. Ils établissent, à cet effet, un plan de destruction méthodique.

b) *Organisations défensives.* — Leur destruction est faite, dans chaque secteur, sur l'ordre du Général Commandant le secteur, qui juge de leur opportunité. Il doit tenir compte des réactions probables et de ses chances de succès avec les moyens dont il dispose. S'il estime nécessaire une destruction pour laquelle il ne possède pas des moyens suffisants, il en réfère au Commandant du C. A. qui demande, au besoin, les calibres voulus et une allocation supplémentaire de munitions.

c) *Éléments de troupes ennemies.* — Ces objectifs étant généralement fugitifs, le tir doit être déclanché et mené très rapidement contre eux. Les Commandants de groupes ou de batteries dans la zone desquels ils apparaissent ont, en conséquence, l'initiative du tir. En outre, dans chaque batterie, tous les points importants du terrain sont exactement repérés, les Plans Directeurs et les carnets de tir tenus soigneusement à jour, les éléments de tir établis d'avance et la hausse du jour déterminée (1).

II. — BOMBARDEMENT D'ENSEMBLE

Ces tirs, exécutés par un grand nombre de batteries, constituent de véritables attaques par le feu où l'Artillerie acquiert toute sa puissance en jetant une masse de projectiles considérables sur un objectif donné, à la simple indication du commandement.

Objectifs.

Ces tirs s'exécutent par concentrations (2). Ils s'appliquent :

— soit à une partie du front ennemi où se révèlent des intentions agressives de l'ennemi (travaux offensifs, organisations d'émission de gaz, trommelfeuer, etc.);

— soit à des rassemblements importants de troupes (cantonnements, bivouacs, colonnes en station ou en marche);

— soit à des nids de batteries.

---

(1) Ces prescriptions s'appliquent à l'Artillerie lourde comme à l'Artillerie de campagne.

(2) On appelle concentration le tir simultané ou successif de plusieurs batteries sur le même objectif ou la même zone.

Autorités qui les ordonnent.

Les concentrations sont ordonnées par les Généraux Commandant les Divisions, les Corps d'Armée ou l'Armée qui, pour certains objectifs (nids de batteries, colonnes en marche, etc.), et afin d'éviter des retards, peuvent déléguer leurs pouvoirs à leurs Commandants d'Artillerie respectifs.

Organisation des concentrations.

Les concentrations doivent pouvoir se déclancher avec une extrême rapidité sur n'importe quelle partie du front. Cette rapidité est fonction de la vitesse avec laquelle sont accomplis tous les actes que comporte la mise en œuvre des moyens d'artillerie :

a) Vitesse de l'arrivée aux Commandements des grands groupements d'Artillerie des renseignements qui leur sont nécessaires pour combiner les actions d'ensemble ;

b) Vitesse de la préparation des ordres concernant ces actions ;

c) Vitesse du déclanchement du feu et par conséquent du contrôle du tir de toutes les batteries appelées à y participer.

La vitesse dans la confection des ordres est réalisée par la création des *répertoires de concentrations* (1). Tous les États-Majors d'Artillerie (Armée,

(1) MODÈLE DE RÉPERTOIRE DES CONCENTRATIONS DE FEUX.

NUMÉROS	OBJECTIFS.	BATTERIES susceptibles de tirer sur cet objectif (Artillerie de campagne — A.L. — A.L.V.F.).	NATURE du projectile à employer.	GENRE de tir à exécuter.	OBSERVATOIRES.	OBSERVATIONS.

Corps d'Armée, Divisions) doivent posséder un document de cette nature qui indique, pour chaque carré du Plan Directeur, les batteries qui y ont action. On peut ainsi connaître instantanément le nombre et le calibre des unités qui peuvent tirer sur un objectif déterminé (1).

La vitesse dans la recherche et la transmission du renseignement et dans le contrôle du tir est obtenue par l'organisation minutieuse du système d'observation. Cette organisation fait dans les États-Majors indiqués ci-dessus l'objet d'un travail d'ensemble appelé « *Plan d'Observation* » qui est basé sur le principe de l'interchangeabilité des observatoires de toute nature et sur la sûreté des liaisons directes et latérales.

Règles d'exécution.

a) La concentration n'implique nullement la suppression pour chaque batterie de l'obligation de tirer sur un objectif défini.

Si la concentration s'effectue sur zone, chaque batterie reçoit dans l'intérieur de cette zone un objectif parfaitement défini, le même objectif pouvant être pris à partie par plusieurs batteries.

b) Le résultat d'une concentration est d'autant meilleur que la zone-objectif totale est plus réduite, le nombre des batteries plus grand, leur choix (emplacement (2), calibre, projectiles, fusée, etc.) plus judicieux.

c) La précision des réglages à réaliser varie suivant les objectifs à atteindre.

Contre des cantonnements, des bivouacs, des colonnes importantes, on peut se contenter de réglages assez larges et opérer à la rigueur par transport de tir non contrôlé. Contre des batteries on opère, en principe, avec des réglages assez serrés. Quand il s'agit d'atteindre des tranchées ou des boyaux, le tir doit être absolument précis.

d) Les batteries participant à une concentration exécutent généralement leurs tirs d'efficacité *simultanément*, afin de réaliser l'effet de *surprise* et de donner en outre à l'ennemi l'impression de l'écrasement (3).

---

(1) Un extrait de ce répertoire est remis à chaque Commandant de Groupement, de groupe ou de batterie intéressé. Les réglages nécessaires sont exécutés avec toute la discrétion possible et mention en est faite dans les carnets de tir.

(2) On doit chercher à obtenir des feux convergents, qui sont plus sûrs comme réglage et plus puissants comme effets matériels et moraux que les tirs parallèles.

(3) Méthode de tir pour les batteries exécutant des concentrations et ouvrant le feu par transport de tir :

a) OBJECTIF A BATTRE PAR CHAQUE BATTERIE.

a) *Batteries lourdes.* — Zone orientée suivant la ligne de tir et ayant :
comme largeur 50 m. + 8 décigrades,
comme profondeur 1 fourchette et demie.

Dans certains cas cependant, lorsque l'objectif sera immobile (contre des batteries par exemple) on pourra faire tirer *successivement* les batteries ou interrompre de temps en temps la concentration, afin de contrôler l'efficacité du tir.

e) La concentration est accompagnée, quand le Commandement le juge utile, d'un scénario où l'Infanterie joue son rôle. Ce scénario est presque toujours nécessaire quand on doit tirer sur les organisations de première ligne, afin d'inciter l'ennemi à les garnir.

f) Les troupes d'Infanterie sont toujours prévenues des concentrations prévues, afin de leur permettre de prendre les mesures de sécurité nécessaires.

III. — TIRS DE DÉFENSE

Les tirs de défense ont pour but d'arrêter les attaques d'Infanterie ennemies avant qu'elles ne pénètrent dans nos tranchées de première ligne.

Toute l'Artillerie en mesure de le faire y participe sous deux formes bien distinctes : la contre-préparation offensive, le barrage.

A. — Contre-préparation offensive.

La contre-préparation offensive se propose d'arrêter l'attaque de l'en-

---

b) *Batteries de campagne.* — Zone orientée suivant la ligne de tir et ayant pour dimensions :
largeur 50 m. + 15 millièmes,
profondeur 200 mètres.

b) Mécanisme de tir.

a) *Batteries Lourdes.* — Échelonnement en portée d'un quart de fourchette. En direction tir réparti sur des directions échelonnées de 2 décigrades.

b) *Batteries de campagne.* — Tir uniformément réparti en direction. En portée hausses échelonnées de 25 mètres.

c) Dépense de munitions.

400 coups à l'hectare pour l'ensemble des batteries exécutant la concentration de feux, ce nombre réparti par 1/2, 1/3, 1/4, suivant que 2, 3, 4 batteries prennent part au tir ; pour chaque batterie, les coups sont également répartis sur les différentes hausses et les différentes directions.

d) Nature des projectiles.

Explosifs avec retard (moyennes et petites distances) ou explosifs I. A. (moyennes et grandes distances) :

éventuellement { obus à balles au début du tir (quand l'objectif est en action) ; obus spéciaux en fin de tir.

Ces deux sortes de projectiles sont tirés par une seule batterie.

nemi avant son débouché, par un bombardement violent des tranchées où paraissent devoir se rassembler ses troupes d'assaut.

Elle est exécutée, par toutes les batteries de 75 et tous les canons courts en mesure d'y prendre part, chaque fois que des signes d'attaque se manifestent (en particulier en cas de trommelfeuer) ou que des prisonniers, déserteurs, postes d'écoute, etc., donnent des renseignements sur les intentions de l'ennemi.

Elle est faite sur le secteur directement menacé et comporte :

Pour l'Artillerie de campagne des tirs d'efficacité violents à durée limitée (15 à 20 minutes) sur les organisations ennemies de première ligne (tranchées, soutiens, boyaux). Le Commandement fixe, suivant les circonstances, le nombre et la durée des reprises de tir.

Pour l'Artillerie à tir courbe des tirs de démolition lents et continus sur les mêmes organisations (particulièrement sur les abris, les P. C. et les nœuds de boyaux) (1).

Pour l'Artillerie à longue portée (2) des tirs d'interdiction sur les voies d'accès en arrière (boyaux, pistes, routes, etc.).

Elle est ordonnée suivant le cas par les Commandants de C. A. ou de Divisions et conduite d'après les principes précédemment indiqués pour les tirs de concentrations. Une contre-préparation n'est efficace que si elle est parfaitement préparée.

Les Commandants de C. A. font établir en conséquence un plan de contre-préparation où ils fixent tous les détails de ces actions, en distinguant naturellement le cas d'attaque générale et celui d'attaques partielles sur telle ou telle partie du front.

Les Commandants de C. A. et de Divisions n'oublieront pas que leur honneur militaire est engagé à l'exécution rapide et parfaite des contre-préparations offensives.

B. — Barrage.

Le barrage est exécuté par l'Artillerie de campagne et à tir courbe. Il est complété par l'action des batteries lourdes à longue portée sur l'arrière de la position ennemie. Tout doit être organisé dans les groupements, groupes et batteries pour que le barrage puisse, en cas de besoin, succéder automatiquement au tir de contre-préparation.

a) *Barrage d'Artillerie de campagne.* — Le barrage devant avoir la

---

(1) Lorsque, par suite des formes du terrain, l'Artillerie de campagne a une action insuffisante sur les tranchées de première ligne, on les fait battre par les 155 C T R qui tirent alors dans les mêmes conditions que l'Artillerie de campagne.

(2) Indépendamment de sa mission de contre-batterie.

plus grande densité possible, toute l'Artillerie de campagne sans exception y prend part.

Répartition des batteries. — Lorsque les fronts à battre sont étendus, chaque batterie a son secteur distinct. Lorsqu'ils sont relativement restreints, on peut superposer les feux de plusieurs unités. La superposition toutefois n'est employée en principe que pour *renforcer un barrage déjà suffisant par lui-même* et le remplacer au cas où il viendrait à manquer.

Correspondance des fronts d'Infanterie et d'Artillerie. — Il y a intérêt, chaque fois que la chose est possible, à établir une correspondance exacte entre le front d'action des unités d'Infanterie et la zone de barrage des unités d'Artillerie (par exemple : un groupe pour un Bataillon).

Objectifs de barrage. — Le barrage doit former un rideau continu et être fait *aussi près que possible de nos lignes* que le permet la sécurité de nos fantassins (1).

Pour qu'il existe réellement, il faut qu'il s'exécute *en avant des tranchées ennemies de première ligne ou sur elles.*

Lorsque le barrage est renforcé, les batteries de superposition tirent sur les tranchées de première ligne et les boyaux d'accès ennemis, tandis que les batteries de barrage normal forment rideau en avant de nos positions. Le barrage prend alors toute sa valeur.

Dans certains cas, les conditions de sécurité obligent à n'exécuter le barrage *qu'en arrière* des tranchées ennemies. Il perd alors presque toute sa valeur puisque l'ennemi reste libre de masser ses troupes d'attaque dans la tranchée de première ligne et de déboucher sans tomber sous notre feu d'Artillerie. Il est du devoir des Commandants de secteurs de chercher par tous les moyens à ramener leurs barrages sur les tranchées ennemies de première ligne (rapprochement des batteries, emploi de batteries ou de pièces agissant d'enfilade, tir d'obus à balles percutants, etc.) et, en cas d'impossibilité, ils suppléent à l'insuffisance du barrage par des moyens de fortune (canons de 37, canons pneumatiques, tromblons, etc.).

Déclanchement du barrage. — Le barrage doit être déclanché avec toute

---

(1) La distance minima à prendre pour assurer suffisamment la sécurité de nos fantassins est donnée par les tableaux suivants :

A. — Barrage fait de face.

	à 2.000 m.	*à 3.000 m.*	*à 4.000 m.*
Obus explosifs...............	80 m.	100 m.	150 m.
Obus à balles percutants.....	60 —	80 —	100 —
Obus à balles fusants........	150 —	150 —	150 —

B. — Barrage fait d'enfilade (à toutes distances).

Obus explosifs..	50 m.
Obus à balles percutants................................	30 —
Obus à balles fusants...................................	60 —

l'instantanéité possible, par conséquent *automatiquement*, suivant une règle déterminée d'avance.

Le barrage s'exécute soit à la demande de l'Infanterie (téléphone, signaux optiques, etc.) soit à la diligence des Commandants de batteries, sur indication provenant des observatoires (signal donné par feux Ruggieri, lancement de ballonnets, déploiement d'une banderolle à la nacelle du ballon, etc.), ou lorsque la situation leur semble comporter ce genre de tir (par exemple la nuit s'ils entendent une vive fusillade (1), le jour s'ils constatent une émission de gaz, etc.).

Tout doit être organisé pour que le barrage soit obtenu instantanément (2). Les Commandants d'Artillerie ne perdront pas de vue que leur responsabilité est engagée et qu'un retard même insignifiant de leur part peut provoquer la perte d'une position et la mort de nombreux fantassins.

La hausse du jour est déterminée tous les matins et tous les soirs, autant que possible sur les tranchées mêmes devant lesquelles se fait le barrage.

Régime du tir. — Le régime du tir comporte au début du barrage la plus grande vitesse possible. On la modifie ensuite suivant les circonstances et les desiderata de l'Infanterie de première ligne, avec qui le Commandant du groupe ou de la batterie qui fait barrage doit se mettre immédiatement en relation intime.

Nuancement du barrage. — Le barrage brutal une fois établi, il convient de le nuancer afin d'obtenir un meilleur rendement du feu.

---

(1) Les patrouilles envoyées par notre Infanterie peuvent provoquer une fusillade ennemie. Afin d'éviter que le barrage ne soit déclanché de ce fait, les Commandants des Bataillons de première ligne devront toujours tenir leur Artillerie au courant des patrouilles qu'ils envoient.

(2) A cet effet :

En tout temps les pièces qui ne tirent pas sont pointées dans la direction du barrage. La nuit, les pièces sont abattues dans cette direction, repérées sur un repère spécial assez rapproché pour qu'on puisse en voir la lumière, même par temps brumeux ; parfois même, elles peuvent être chargées à l'avance.

Les hausses successives et le genre de tir à employer sont connus de tous (Officiers, Chefs de pièces, pointeurs, tireurs, déboucheurs). Ces renseignements, qui figurent déjà sur les carnets de tir, sont en outre inscrits dans les carnets des Chefs de sections et de pièces, et collés sur la pièce elle-même.

Les batteries sont, en principe, dotées d'un système d'éclairage électrique destiné à éclairer instantanément, même en cas de bombardement par obus asphyxiants, les points de repère, hausses et collimateurs.

Celles qui ne possèdent pas cette installation doivent :

a) Placer leurs points de repère de nuit assez près des pièces pour qu'ils soient bien vus la nuit, et assez loin cependant pour qu'ils ne puissent être atteints par les gaz en cas de bombardement des batteries par obus asphyxiants ;

b) Tenir leurs points de repère éclairés toute la nuit ;

c) Munir chaque Chef de pièce d'une lampe électrique de poche et posséder une réserve de piles et d'ampou es.

A cet effet :

Lorsque le barrage s'exécute en avant des tranchées ennemies de première ligne, on allonge progressivement le tir jusqu'aux dites tranchées sur lesquelles le barrage reste fixé.

Lorsque le barrage s'exécute sur les tranchées ennemies de première ligne, il y reste fixé. Le tir doit, dans ce cas, être repéré chaque jour avec une précision suffisante pour qu'exécuté sur trois hausses successives il couvre à coup sûr les tranchées visées.

Lorsque le barrage s'exécute en arrière des tranchées ennemies de première ligne, on le fixe, en principe, sur les tranchées de soutien et les boyaux d'accès. Si ces boyaux sont couverts, on porte le tir sur les prises de jour qui doivent autant que possible être repérées d'avance.

Dans le cas enfin où l'ennemi aurait pénétré dans nos lignes, tout ou partie du barrage doit pouvoir être ramené, à la demande de l'Infanterie, sur les parties de nos tranchées occupées par lui (1).

Cessation du barrage. — Le barrage cesse à la demande du Commandant de l'unité d'Infanterie devant laquelle il est fait.

Dans le cas où toutes les communications directes et latérales sont coupées, le barrage cesse sur l'ordre et sous la responsabilité du Commandant de l'Artillerie du secteur, au moment où il juge l'attaque enrayée.

Vérification du barrage. — Le Commandement, à tous les échelons, vérifie fréquemment le barrage au triple point de vue du choix des objectifs, de la densité du tir et de la rapidité de son déclanchement. Les Commandants d'Infanterie de première ligne sont toujours appelés à contrôler la valeur des barrages organisés sur leur front.

b) *Barrage d'Artillerie lourde à tir courbe.* — L'action des canons courts et des mortiers n'est pas de même ordre que celle des batteries de campagne. Les uns et les autres se proposent bien d'arrêter l'attaque ennemie, mais les 75 forment *rideau sur tout le front*, tandis que les pièces courtes battent en principe des *points précis* en arrière de la première ligne (nœuds de boyaux, postes de commandement, lignes d'abris, etc.) pour empêcher l'arrivée des réserves. Exceptionnellement (lorsque la densité de l'Artillerie de campagne est trop faible, lorsque les formes du terrain ne lui permettent pas une action efficace, etc.) les canons courts peuvent et doivent être employés au barrage de première ligne (2).

Pour éviter des consommations exagérées de munitions, le barrage d'Artillerie lourde n'est déclanché automatiquement que dans le cas où il s'exécute sur la première ligne. Il s'effectue alors dans les mêmes conditions que celui de 75.

---

(1) L'échelonnement des batteries sur le terrain doit permettre dans tous les cas de répondre à cette nécessité.

(2) Ils sont nécessaires en particulier pour battre les angles morts de 75 quand on ne peut les faire disparaître au moyen des pièces placées d'enfilade.

Dans tous les autres cas, le barrage est fait sur l'ordre du Colonel Commandant l'Artillerie du Secteur, soit de sa propre initiative, soit à la demande de l'Infanterie.

Le plan de barrage indique :

— les points à battre ;
— le régime du tir ;
— la cadence du tir ;
— les dispositions à prendre dans les batteries pour le barrage de nuit ;
— les observatoires et les liaisons à établir, etc.

Tout doit être organisé pour que le barrage soit obtenu très rapidement, de jour comme de nuit. Les abris où couche le personnel sont établis à proximité des pièces. La nuit, un personnel de garde est prévu, les pièces sont pointées dans la direction du barrage et même chargées si cette mesure semble nécessaire. Les liaisons avec l'Infanterie sont toujours assurées.

L'action des canons courts et des mortiers cesse sur l'ordre du Commandant de l'Artillerie divisionnaire.

c) *Action des Batteries de tranchées.* — Les canons de tranchée participent aux barrages dans les mêmes conditions que les canons courts, c'est-à-dire en battant des points précis de l'organisation allemande.

Ils entrent en action sur l'ordre du Colonel Commandant le Régiment d'Infanterie dans le secteur duquel ils se trouvent ou automatiquement lorsque le Commandant de la batterie perçoit les indices d'une attaque.

Le plan d'action indique :

— les points à battre;
— la cadence du tir;
— les dispositions à prendre pour le tir de nuit;
— les liaisons à établir, etc.

Tout doit être minutieusement organisé pour que l'entrée en action se fasse très rapidement de jour et de nuit.

L'action des canons de tranchée cesse sur l'ordre du Colonel Commandant le Régiment d'Infanterie.

d) *Action des Batteries longues d'A. L.* — L'artillerie lourde participe au barrage :

1° en contrebattant les batteries ennemies ;

2° en bombardant les cantonnements et bivouacs ennemis dans le secteur d'attaque ;

3° en tirant sur les communications ennemies (boyaux, pistes, etc.), en arrière du front d'attaque (1);

4° enfin, lorsque, soit les circonstances du combat, soit les formes du

---

(1) En particulier avec le 95 dont le tir est assez rapide et l'effet sur le personnel découvert très grand.

terrain ne permettent pas d'amener une quantité suffisante d'Artillerie légère à portée efficace des organisations ennemies.

Le plan de barrage détermine le rôle de chaque batterie.

Les contre-batteries entrent en action sans ordre, dès que les batteries ennemies placées dans leur zone d'action se dévoilent. Les batteries chargées de bombarder les cantonnements, les bivouacs et les communications, ouvrent le feu sur l'ordre du Général Commandant l'Artillerie du Corps d'Armée.

Dans chaque batterie, tout doit être préparé de manière que l'unité puisse remplir sa mission dans le minimum de temps (1).

Appui de l'Artillerie des secteurs voisins. — En cas d'attaque partielle, l'Artillerie des secteurs non menacés, tout en conservant un certain nombre de batteries disponibles pour parer à l'imprévu, renforce de ses feux l'action d'Artillerie sur le front menacé.

Cette intervention doit être très rapide. Il faut, par conséquent, qu'elle soit préparée d'avance, dans tous ses détails, par les Commandants de C. A. et de secteurs intéressés. Elle fait l'objet d'un chapitre spécial du plan de barrage.

IV. — TIRS ÉVENTUELS

A. — TIRS DE HARCÈLEMENT.

Les tirs de harcèlement ont pour but de gêner les mouvements de troupes et les ravitaillements de l'ennemi. Ils sont effectués sur les routes et les pistes les plus fréquentées par lui, ainsi que sur ses chemins de fer à voie étroite, en tenant compte des renseignements fournis par l'examen des photographies et le service des renseignements (1).

Ces tirs sont généralement faits par des pièces isolées tirant à des intervalles irréguliers, particulièrement aux heures présumées de relèves ou de ravitaillement.

Lorsqu'on a des renseignements suffisamment précis sur les mouvements de l'ennemi, ces tirs sont effectués par plusieurs pièces. Ils se transforment même, en certains cas, en de véritables concentrations de feux.

Les Commandants de C. A. fixent chaque jour les tirs de harcèlement à effectuer le lendemain.

---

(1) Voir les mesures à prendre pour l'Artillerie de campagne.

B. — Tirs de représailles.

Les tirs de représailles ont pour but de soutenir le moral de notre Infanterie en lui montrant que l'Artillerie veille sur elle et de prouver à l'ennemi notre volonté de lui rendre ses coups avec usure. Ils sont effectués sur les tranchées et les cantonnements suivant que l'ennemi lui-même bombarde nos tranchées ou nos cantonnements. Ils sont accompagnés, toutes les fois que la chose est possible, d'un tir de riposte sur les batteries ennemies.

1° *Sur les tranchées.* — Ce tir doit être effectué :

— rapidement;

— sur les positions de l'ennemi en face ou à proximité immédiate de celles qui sont bombardées par lui;

— avec un nombre de projectiles supérieur à celui qu'il lance (deux coups pour un, autant que possible).

Il est exécuté par l'Artillerie de campagne, les canons de 58 et exceptionnellement par les canons courts.

Il est déclanché à la demande de l'Infanterie, ou de l'initiative propre des Commandants de Batteries chargées de la surveillance du front, d'après les renseignements qui leur sont fournis par les observateurs.

Il est exécuté généralement avec des fusées sans retard (1), autant que possible d'enfilade, et la nuit avec des obus à balles.

2° *Contre les cantonnements.* — Le tir de représailles contre les cantonnements doit être préparé d'avance, de façon qu'au bombardement de chacun de nos cantonnements corresponde le bombardement d'un cantonnement ennemi, choisi de préférence parmi ceux qui possèdent des dépôts de munitions ou des postes de Commandement.

Le bombardement est effectué, chaque fois que la chose est possible, par l'Artillerie de campagne; dans les autres cas, par l'Artillerie lourde.

Il comporte l'envoi de quelques rafales exécutées de préférence avec des obus à balles et des obus incendiaires.

Il est déclanché à la demande du Commandant du cantonnement bombardé ou sur l'initiative du Commandant de l'Artillerie divisionnaire,

---

(1) Il y a peu de monde, en effet, dans les tranchées allemandes pendant le jour, la presque totalité des effectifs de garde reste dans les abris. C'est donc dans ces abris qu'il faut chercher à produire des dégâts. La fusée sans retard donne à ce point de vue de meilleurs résultats que la fusée retardée. Cette prescription ne s'applique qu'au 75. Si l'on emploie les canons courts pour lesquels l'angle de chute est très grand, la fusée avec retard est, au contraire, préférable.

lorsque ses observateurs lui signalent le bombardement d'un cantonnement par l'ennemi.

Ces tirs sont faits avant tout pour maintenir en haut état le moral des troupes. Celles-ci ne doivent donc pas ignorer que lorsqu'on bombarde tel ou tel de nos cantonnements, il est répondu par un bombardement d'intensité supérieure sur un cantonnement de l'ennemi.

CHAPITRE IV

PRÉPARATION DU TRAVAIL DE L'ARTILLERIE DANS LES SECTEURS

Les missions complexes qui incombent à l'Artillerie, la nécessité qui lui est impartie d'agir vite, en masse, avec précision, obligent le Commandement à préparer minutieusement son emploi.

Il est établi, en conséquence, d'après les directions du Commandement, dans tous les États-Majors d'Armée, de C. A. et de Division :

A. — *Un plan d'emploi de l'Artillerie*, qui embrasse toutes les hypothèses et comporte les chapitres suivants :

I. — L'organisation du Commandement;

II. — La répartittion des missions entre les groupements;

III. — Le rôle de l'Artillerie lourde et l'organisation des contre-batteries;

IV. — Les contre-préparations offensives (avec indication des mesures prises pour passer rapidement au barrage en cas de besoin);

V. — Le plan de barrage :

- — répartition des missions;
- — objectifs à battre (avec croquis à l'appui);
- — dispositions prises pour le déclanchement du barrage (liaison et organisation du service dans les batteries);
- — régime du tir (vitesse, nuancement, cessation);
- — concentration à prévoir dans le cas d'une attaque ennemie limitée à une partie seulement du front ;
- — appui pouvant être reçu ou prêté aux Divisions voisines;

VI. — Le plan des tirs de représailles;

VII. — Le répertoire des concentrations;

VIII. — Le plan d'observation et de liaison :

1° Carte des emplacements, des observatoires (observatoires terrestres de renseignement et de réglages, ballons, postes de T. S. F.);

2° Carte faisant ressortir les parties vues et cachées des observatoires de renseignement;

3° Panorama du ballon;

4° Répartition du personnel d'observation;

5° Répartition normale et éventuelle des observatoires entre les unités d'Artillerie (1);

6° Carte des liaisons de toute nature entre les observatoires, les ballons, les antennes de T. S. F., les P. C. et les groupes de batteries;

7° Consignes des observateurs;

8° Organisation matérielle des observatoires.

B. — *Un plan de renforcement éventuel du secteur par des batteries* de tous calibres venant de l'extérieur.

Ce plan vise le cas d'une attaque importante de l'ennemi. Il comporte :

1° L'indication du matériel de renforcement prévu (2);

2° L'organisation du Commandement;

3° La répartition des missions et des emplacements;

4° L'organisation des P. C., P. O. et des liaisons.

NOTA. — *Les emplacements des batteries, les P. C., les P. O., les communications téléphoniques prévues dans ce document sont établis d'avance et tous les dossiers de tir (listes de coordonnées, planchettes et carnets de tir) préparés.*

---

(1) Les observatoires éventuels à utiliser par les groupes dans les différents cas de concentration prévus sont indiqués dans une colonne spéciale du répertoire des concentrations de feux.

(2) Indication à donner par l'Armée.

CHAPITRE V

ORGANISATION MATÉRIELLE DE L'ARTILLERIE

A. — Emplacement des batteries.

Les emplacements des batteries sont déterminés par la mission tactique qui leur incombe.

Les emplacements de batteries de campagne sont fixés avant tout par leur rôle de barrage. On ne devra pas hésiter pour l'obtenir en avant des tranchées ennemies à modifier les emplacements des batteries et même à les porter dans les secteurs voisins pour obtenir des actions d'enfilade. On échelonnera les batteries en profondeur afin d'assurer le mieux possible, et quoi qu'il arrive, la continuité du barrage. On les établira de telle sorte que tout ou partie d'entre elles puissent battre, en cas d'irruption de l'ennemi dans nos lignes, le terrain compris entre la première et la deuxième position.

Toutes les batteries doivent pouvoir en outre participer à des concentrations de feux. Il faut qu'elles possèdent pour cela un champ de tir étendu. Il y a donc lieu de prendre pour le casematage des pièces les dispositions nécessaires à cet effet.

S'il en est besoin, certaines batteries sont pourvues de deux emplacements voisins, dont les champs de tir se complètent pour leur donner au total la zone d'action voulue (1).

Les emplacements des batteries à tir courbe sont déterminés par la nécessité d'agir dans de bonnes conditions sur la première position ennemie

(1) Cette nécessité dans certains cas de doubles emplacements pour étendre la zone d'action des batteries n'est pas exclusive de celle de multiplier leurs emplacements pour échapper au tir ennemi. Elle est imposée soit par les limites du casematage, soit par les inconvénients que présenterait en terrain couvert un dégagement trop étendu des champs de tir.

et les couloirs du terrain en arrière. Leur zone d'action doit être aussi étendue que possible.

Les emplacements des batteries longues sont déterminés par la nécessité de pouvoir, tout en ayant des feux échelonnés en profondeur, atteindre les batteries ennemies, même les plus éloignées. On sera ainsi souvent amené à avoir des batteries de cette nature à hauteur et même en avant de l'Artillerie de campagne.

Chaque batterie (de campagne ou lourde) devra disposer de plusieurs emplacements organisés d'avance, pourvus d'un dossier de tir (planchette et carnet de tir) (1) et reliés par téléphone directement ou indirectement avec les observatoires. Elle pourra ainsi changer de position dès qu'elle sera repérée sans que son tir subisse de temps d'arrêt. *Un certain nombre de ces emplacements pourront être occupés en cas de besoin par les batteries de renforcement.*

Les emplacements seront choisis de façon à défiler les batteries aux vues terrestres et aériennes. Elles seront soigneusement camouflées. On évitera les fonds de vallée où s'accumulent les gaz.

Tout emplacement de batterie définitivement abandonné sera doté d'une fausse batterie et de fausses lueurs.

B. — Répartition des objectifs.

La zone d'action de l'Artillerie est partagée entre les différents groupements (A. L. A., A. L. C. A., A. D.), d'après les possibilités des calibres, en secteurs bien déterminés. Une répartition analogue est faite à l'intérieur des groupements entre les groupes et les batteries, de façon que chacun (2) sache l'unité qui doit intervenir quand un objectif se dévoile.

Cette affectation d'une zone normale d'action aux groupements et groupes ne doit pas les empêcher d'intervenir éventuellement dans les zones voisines, même en dehors des concentrations prévues, chaque fois que l'Infanterie a besoin de leur appui, que les Commandants des groupes voisins réclament leur concours, et que les circonstances leur permettent d'agir.

C. — Réglages.

Les réglages nécessaires à l'intervention des batteries de tous calibres dans leur zone d'action normale ou éventuelle doivent être faits d'avance.

---

(1) Les dossiers de tir, appartenant à l'emplacement et non à la batterie, doivent toujours être passés, en cas de relève, à l'unité qui s'installe. Si l'emplacement devient vacant, le dossier est versé au Commandant de l'Artillerie du secteur.

(2) Batterie, ballon, avion, observatoire terrestre, agent de liaison.

Chaque batterie doit posséder en conséquence des réglages dans toute l'étendue de son champ d'action. L'Artillerie lourde s'entend à ce sujet avec les Commandants d'Artillerie des différents C. A. intéressés.

D. — RECHERCHE, TRANSMISSION ET EXPLOITATION DES RENSEIGNEMENTS.

Dans la défensive, les tirs d'Artillerie, quels qu'ils soient, doivent être déclanchés rapidement. La recherche, la transmission et l'exploitation des renseignements jouent donc ici un rôle capital. Ce travail doit être soigneusement organisé.

1° *Recherche des renseignements.* — La recherche des renseignements est faite de deux manières :

a) *Au moyen d'agents de liaison permanents, détachés auprès de l'Infanterie par les batteries de campagne et les batteries à tir courbe.* — Ces agents ne sont pas seulement chargés de demander le barrage, mais encore de faire connaitre à l'Infanterie les possibilités de l'Artillerie et d'orienter leurs groupes sur les événements et les desiderata des troupes de première ligne. Ils peuvent être employés à régler un tir. Ils doivent par conséquent posséder le personnel et le matériel nécessaires.

Le groupe ou la batterie détache, en principe, un et si possible deux agents auprès de chaque chef de bataillon de première ligne. Ces agents restent avec l'Infanterie, de jour et de nuit. Ils vivent avec elle. Lorsque les agents sont jumelés, l'un d'eux reste à son poste, tandis que l'autre circule et peut aller chaque jour à l'Artillerie faire un compte rendu sommaire des événements.

b) *Au moyen de l'observation aérienne ou terrestre.* — L'observation est organisée d'après ce principe que tous les observatoires, quelle que soit leur nature (observatoires terrestres, ballons (1), avions) :

a) Sont impersonnels. Ils n'appartiennent exclusivement ni à un groupement, ni à un calibre. Ils peuvent être employés par n'importe quelle unité suivant les ordres du Commandement, d'après les besoins tactiques du moment;

b) Participent aux deux opérations (recherche des renseignements ou réglages). Certains d'entre eux sont toutefois plus particulièrement spécialisés dans l'une ou l'autre de ces fonctions;

c) Sont reliés téléphoniquement au Commandement et aux groupes ou batteries, de telle sorte que renseignements ou réglages arrivent aux intéressés dans le minimum de temps;

---

(1) Ballons d'Artillerie bien entendu.

d) Sont reliés téléphoniquement entre eux pour pouvoir compléter et contrôler mutuellement leurs renseignements.

2° *Détails de l'organisation.*

A. — Observation terrestre.

L'observation terrestre comprend deux catégories d'observatoires :

Les observatoires de renseignements à vues étendues, qui servent principalement à la recherche des objectifs. Ils travaillent généralement aux lueurs.

Constituant au premier chef des organes de commandement, ils sont fixés par le Général Commandant l'Armée sur la proposition des Commandants d'Artillerie des C. A. Ils sont reliés directement aux Commandants de l'Artillerie des C. A. (S. R. A.) et aux Commandants des grands groupements voisins (Artillerie divisionnaire, Artillerie lourde de C. A., groupements d'Artillerie lourde d'Armée).

Leur nombre est déterminé par les formes du terrain, l'organisation de l'ennemi et le personnel d'observation dont on dispose. Il y a intérêt, dans tous les cas, à avoir par leur moyen la plus grande étendue de vues possible en arrière du front ennemi.

Leur personnel est absolument spécialisé.

Ces observatoires, pouvant servir éventuellement à des réglages et des contrôles de tir (2), sont en outre en liaison directe avec les différents groupes de leur secteur.

Les observatoires de réglage à vues rapprochées, qui servent principalement au réglage et au contrôle du tir.

Ils constituent des organes techniques de la plus haute importance. Du bon choix de leur emplacement dépend le rendement du matériel : de leur multiplicité et de leur bonne organisation la rapidité de l'intervention des batteries.

Le choix des observatoires normaux et l'organisation du réseau de réglage appartiennent aux exécutants. Le Général Commandant l'Artillerie de l'Armée et les Commandants d'Artillerie de C. A. coordonnent et complètent leur travail en vue des concentrations éventuelles de feux à réaliser.

Pour être complète, l'organisation de ces observatoires doit en outre répondre aux conditions suivantes :

a) Les unités d'Artillerie appelées à tirer *normalement* sur une partie du front doivent posséder tous les observatoires nécessaires à l'accomplissement de leurs missions.

---

(2) Ces observatoires sont notamment utilisés pour régler le tir de l'Artillerie longue sur ses buts auxiliaires.

b) Les unités d'Artillerie appelées à tirer éventuellement sur une partie du front doivent connaître d'avance les observatoires dont elles pourront temporairement disposer à cet effet. L'affectation éventuelle des observatoires est faite par le Commandement.

c) Les batteries destinées à utiliser normalement ou éventuellement un observatoire doivent être en liaison directe avec lui. Cette liaison doit fonctionner quoi qu'il arrive.

d) Le personnel d'observation est affecté d'une façon quasi permanente à chaque observatoire.

Il y observe au profit de toutes les unités qui utilisent cet organe.

Il doit donc être en mesure de régler aussi bien un tir d'Artillerie lourde qu'un tir d'Artillerie de campagne.

B. — Observation par ballon.

Le ballon d'Artillerie est à la fois un observatoire de surveillance à très grande envergure, destiné à renseigner le Commandement d'Artillerie, et un organe de réglage.

Le Commandant du groupe auquel il est rattaché fixe sa zone d'action et sa mission générale, dans les conditions prescrites à l'article 30 de l'instruction sur l'emploi de l'Observation Aérienne. Il lui donne, en principe, chaque jour sa tâche pour le lendemain. Il le charge éventuellement de la vérification de la hausse du jour des batteries qui ne disposent d'aucun but auxiliaire visible d'observations terrestres. Il se fait fournir par lui les renseignements météorologiques nécessaires à la détermination des éléments du jour.

L'observateur du ballon tient continuellement le Commandant du groupement et les batteries au courant de ses facilités d'observation.

C. — Observation par avion.

L'Observation par avion est réglée par l'Instruction du 16 janvier 1916 du G. Q. G.

3° *Transmission des renseignements.* — La transmission des renseignements se fait au moyen :

a) *Du téléphone.* — Le réseau téléphonique comprend :

Le réseau d'Artillerie-Infanterie établi conformément à la note n° 2.073 du 4 mai 1916 du G. Q. G. (liaison double établie d'une part par l'Artillerie et d'autre part par l'Infanterie);

Le réseau d'Artillerie. — Ce dernier sert à établir :

1° *Des liaisons directes* entre :

a) Le Commandant de l'Artillerie de l'Armée, les Commandants d'Artillerie de C. A., de D. I., les groupes, les batteries et les observatoires;

b) Le Commandant de l'Artillerie de l'Armée, les Commandants de groupements, de sous-groupements, de groupes et de batteries d'Artillerie d'Armée et les observatoires.

2° *Des liaisons latérales* entre tous les Commandants d'Artillerie, de groupements, de sous-groupements, de groupes, de batteries, quels que soient leurs calibres, ainsi qu'entre tous les observatoires (observatoires terrestres, ballons, postes de T. S. F.).

b) *De la signalisation optique.* — Elle double les liaisons téléphoniques entre l'Artillerie et l'Infanterie et peut, s'il y a lieu, être également organisée entre les observatoires et les batteries.

c) *Des fusées*, ou de tous autres moyens conventionnels, variables suivant les circonstances, qui suppléent en dernier ressort aux communications téléphoniques et optiques pour le barrage.

d) *De la T. S. F.* entre les avions et les batteries munies d'antennes et d'appareils récepteurs.

4° *Exploitation du renseignement.*

Le mode d'exploitation des renseignements fournis par les observatoires varie suivant l'objectif déterminé par eux.

S'il s'agit d'un objectif fugitif (batterie en action — petites colonnes d'Infanterie — attaque ennemie inopinée, etc.), l'observateur alerte directement le groupement ou le groupe intéressé. Le tir est déclanché sans retard.

S'il s'agit d'un objectif d'une certaine importance et d'une assez grande durée probable (longues colonnes en marche, troupes en station, etc.), l'observateur rend compte au Commandant de l'Artillerie du secteur (1) qui fait exécuter la concentration prévue (2).

Cette règle s'applique à tous les modes d'observation (3).

---

(1) Par l'intermédiaire de l'Officier du S. R. A. qui fait au besoin contrôler le renseignement par les autres observatoires ayant des vues dans la région visée.

(2) En laissant le tir sur ces grands objectifs à la libre disposition des subordonnés, l'action d'Artillerie serait fatalement décousue et les premiers coups de canon, donnant l'alarme à l'ennemi, l'inciteraient a prendre des précautions pour éviter des pertes.

(3) Dans le cas de l'observation par avion, les dispositions suivantes sont prises :

Pour un objectif fugitif, l'officier d'antenne du groupement fait exécuter le tir, si l'objectif signalé se trouve dans sa zone normale; il demande des instructions s'il se trouve dans sa zone éventuelle.

Pour un objectif important et durable, l'Officier d'antenne du Commandant d'Artillerie du secteur provoque auprès de celui-ci les ordres de tir nécessaires; l'Officier d'antenne du groupement dans la zone normale duquel apparait l'objectif rend compte qu'il n'a pas cru devoir faire déclancher le tir de son unité.

CHAPITRE VI

RÉPARTITION DES MUNITIONS

La répartition des munitions fait l'objet de la note n° 2.994 du 19 octobre 1915, du G. Q. G.

Le Général Commandant
le Groupe d'Armées du Centre,

PÉTAIN.

www.ingramcontent.com/pod-product-compliance
Ingram Content Group UK Ltd.
Pitfield, Milton Keynes, MK11 3LW, UK
UKHW021202230726
13926UKWH00001B/264